Galerie Kahnweiler
28, Rue Vignon, 28

Exposition
Georges
Braque

Du 9 au 28 Novembre 1908

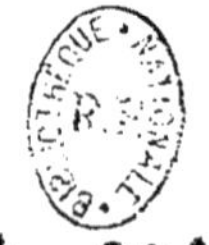

Il y a peu de temps encore, les efforts auxquels se livraient un certain nombre d'artistes pour renouveler les arts plastiques étaient en butte aux moqueries non seulement du public, mais de la critique tout entière. Aujourd'hui, les plaisanteries ont cessé; nul n'oserait plus tourner en ridicule ces tentatives admirables, sans battre en brèche du même coup l'ordre et l'harmonie, la grâce et la mesure, ces qualités sans lesquelles il n'y a point d'art, mais une furieuse tempête de tempéraments divers, plus ou moins nobles, essayant d'exprimer fiévreusement, hâtivement, déraisonnablement, leur étonnement devant la nature. A ces traits, on reconnaît l'Impressionisme. Ce nom était bien choisi; il s'agissait de gens réellement **impressionnés** devant le ciel, devant les arbres, devant la vie, dans la lumière. C'est l'éblouissement des oiseaux nocturnes au point du jour et c'est aussi l'affolement des hommes primitifs, des sauvages épouvantés devant l'éclat d'un astre, devant la majesté d'un élément. Ni ceux-ci, ni ceux-là, toutefois, ne se sont jamais avisés de voir dans leurs terreurs une émotion immédiatement artistique. Sentant qu'elle ressortissait avant tout aux passions religieuses, ils la cultivaient, la mesuraient, l'appliquaient, dressant ensuite leurs monuments gigantesques, déduisant le style de leurs décorations, créant par la comparaison, comme Dieu même, les images expressives de leurs conceptions. Au demeurant, l'Impressionisme n'a été qu'un instant pauvrement et seulement religieux des arts plastiques. Indépendamment de quelques maîtres magnifiquement doués, sûrs d'eux-mêmes, on vit une foule de zélateurs, de néophites, manifester par leurs tableaux qu'ils adoraient la lumière, qu'ils étaient en communication directe avec elle et le prouver en ne mélangeant point les couleurs, qu'il suffisait de répandre sur la toile pour devenir peintre, comme on devient chrétien par le baptême, sans qu'il faille pour cela le consentement du baptisé. Et, c'était assez de manquer de goût pour atteindre la maîtrise. Je ne parle pas de ceux qui s'improvisaient peintres, à tout âge, sans études préalables, par esprit de lucre et parce qu'il était facile d'en imposer dans un art sur qui régnait le hasard. L'ignorance et la frénésie, voilà bien les caractéristiques de l'Impressionisme. Et, disant ignorance, j'entends un manque absolu de culture dans la plupart des cas; car, pour ce qui est de la science, on en mettait partout, à tort et à travers; on s'en réclamait; Epicure lui-même était à la base du système et les théories des physiciens de l'époque montraient les mérites des plus misérables improvisations.

Mais ce temps est passé. Ces absurdes essais picturaux rejoignent déjà dans les musées les chefs-d'œuvre et les malœuvres qu'on y entasse pêle-mêle. Il y a place maintenant pour un art plus noble, plus mesuré, mieux ordonné, plus cultivé. L'avenir dira quelle part d'influence ont eue dans cette évolution des exemples magnifiques comme celui d'un Cézanne, le labeur solitaire et acharné d'un Picasso, la rencontre inopinée d'un Matisse et d'un Derain, précédée de celle d'un Derain et d'un De Vlaminck. Le succès a déjà récompensé les Picasso, les Matisse, les Derain, les De Vlaminck, les Friesz, les Marquet, les Van Dongen. Il faudra qu'il honore également les travaux d'une Marie Laurencin et d'un Georges Braque, qu'il laisse apparaître la pureté d'un Vallotton, qu'il mette à la place qui lui est due un maître comme Odilon Redon.

Et, la tâche que j'assigne au temps, je ne doute pas qu'il l'accomplisse.

Voici Georges Braque. Il mène une vie admirable. Il s'efforce avec passion vers la beauté et il l'atteint, on dirait sans effort.

Ses compositions ont l'harmonie et la plénitude qu'on attendait. Ses décorations témoignent d'un goût et d'une culture assurés par son instinct.

Puisant en lui-même les éléments des motifs synthétiques qu'il représente, il est devenu un créateur.

Il ne doit plus rien à ce qui l'entoure. Son esprit a provoqué volontairement le crépuscule de la réalité et voici que s'élabore plastiquement en lui-même et hors de lui-même une renaissance universelle.

Il exprime une beauté pleine de tendresse et la nacre de ses tableaux irise notre entendement.

Un lyrisme coloré et dont les exemples sont trop rares l'emplit d'un enthousiasme harmonieux, et ses instruments de musique, Sainte-Cécile même les fait sonner.

Dans ses vallons bourdonnent et butinent les abeilles de

toutes les jeunesses, et, le bonheur de l'innocence languit sur ses terrasses civilisées.

Ce peintre est angélique. Plus pur que les autres hommes, il ne se préoccupe point de ce qui étant étranger à son art, le ferait soudain déchoir du paradis qu'il habite.

Qu'on ne vienne point chercher ici le mysticisme des dévots, la psychologie des littérateurs, ni la logique démonstrative des savants ! Ce peintre compose ses tableaux selon son souci absolu de pleine nouveauté, de pleine vérité. Et, s'il s'appuie sur des moyens humains, sur des méthodes terrestres, c'est pour assurer la réalité de son lyrisme. Ses toiles ont l'unité qui les rend nécessaires.

Pour le peintre, pour le poëte, pour les artistes, (c'est ce qui les différencie des autres hommes, et surtout des savants), chaque œuvre devient un univers nouveau avec ses lois particulières.

Georges Braque ne connaît point le repos, et chacun de ses tableaux est le monument d'un effort que nul avant lui n'avait encore tenté.

GUILLAUME APOLLINAIRE

IMPRIMERIE MONTMARTROISE, 60, *rue de Douai* (Paris IXe)

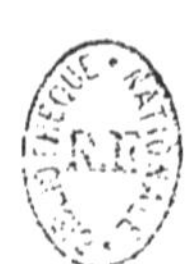

1 Nature morte.

2 L'Escaut.

3 Chemin.

4 Paysage.

5 Rochers.

6 La Terrasse.

7 Le Viaduc.

8 Femme nue.

9 — —

10 La Baie.

11 La Terrasse.

12 Chemin sous Bois.

13 Maison.

14 Les Palmiers.

15 Chemin creux.

16 Le Viaduc.

17 Chemin sous Bois.

18 Maisons sur la Colline.

19 Les Usines.

20 Paysage.

21 —

22 Les grands Arbres.

23 Nature morte.

24 — —

25 — —

26 — —

27 — —

www.ingramcontent.com/pod-product-compliance
Ingram Content Group UK Ltd.
Pitfield, Milton Keynes, MK11 3LW, UK
UKHW020233200726
13856UKWH00004B/1740